L'homme aux yeux d'or

Edmond Hamilton

Writat

Cette édition parue en 2024

ISBN : **9789359946771**

Publié par
Writat
email : info@writat.com

L'homme aux yeux d'or

Par Alexandre Blade

Il gisait dans le caniveau. Dans sa bouche, il y avait le goût du whisky et de la défaite. Il y avait de la boue et de la crasse sur son visage, sur sa chemise de deux semaines, sur son costume en lambeaux ; et tandis que la rue et les bâtiments ondulaient et vacillaient sous ses yeux, un magnétophone jouait encore et encore dans son esprit :

Tu as fini, Hayden – tout échoué – c'est le fond – tu ne peux pas descendre plus bas – Lee Hayden – petit génie – tout échoué – tu as fait le voyage en toute hâte, mon fils – jusqu'en bas, du haut vers le fond n'est rien de plat - pourquoi n'abandonnez-vous pas, pourquoi ne partez-vous pas en cerf-volant, espèce de merveille sans tripes des âges - trop faible pour vivre - trop jaune pour mourir -

De temps en temps, sur la bande diffusée dans la rue, des gens exigeants contournaient délicatement l'épave dans le caniveau ; les insensibles à sourire et à ricaner ; les timides se dépêchent sans regarder.

Puis une voix : « Puis-je vous aider ?

"Vas-y."

Une main sur son épaule. La voix vive, joyeuse. "Allez, le caniveau n'est pas un endroit pour un homme de votre calibre."

Lee grogna et se retourna. Quelqu'un qui le connaissait évidemment ; quelqu'un qui fait écho au mythe de son « génie ». "J'ai dit, va-t'en—" Il ouvrit un œil. S'il s'agissait d'un vieil ami, l'homme avait perdu la mémoire. Des vêtements dodus, gais, roses et bien coupés. Un homme avec un air de confiance.

Et quelque chose de plus.

C'était *quelque chose de plus* qui empêchait Lee de frapper le menton dodu de l'homme après s'être laissé lever. L'homme regarda d'un œil critique le visage de Lee alors que ce dernier chancelait. Il sortit de sa poche un mouchoir enneigé. Il essuya la saleté du visage de Lee de la même manière qu'on essuie le visage d'un enfant. "Je pense que tu as besoin d'un verre, mon jeune."

Lee sourit en coin. "Maintenant tu parles ."

L'homme potelé conduisit Lee dans la rue, au coin d'une rue, sous un chapiteau scintillant. Un portier impeccable le regardait avec des yeux glacials. Son air de dégoût rendit Lee partiellement dégrisé. "Maintenant, attends une minute," marmonna Lee. Après tout, un homme n'a jamais perdu *toute* sa fierté.

Il s'éloignait, cherchant instinctivement des ombres, lorsque le regard du portier se tourna vers l'homme potelé. Ils ont été dégagés instantanément. Il salua, s'inclina et dit : « Bonsoir, M. Clifford. »

"Bonsoir, John. Nous avons besoin d'un verre ou deux de votre excellent scotch."

"Bien sûr Monsieur." Le portier ouvrit le portail comme si le secrétaire d'État honorait de sa présence la salle Lotus.

Lee était occupé à s'émerveiller alors qu'ils traversaient le hall de l'hôtel, frôlant les manteaux de vison et les vêtements formels tirés à la hâte. Il était certainement temps que le videur apparaisse. Mais l'hôtesse à la porte de la Salle Lotus – un rêve blond vêtu de quelque chose qui ressemblait à un nuage rose – lança à l'homme potelé un regard que Lee pensait qu'il aurait dû être réservé uniquement à Dieu.

"M. Clifford ! Quelle table souhaitez-vous ?"

M. Clifford sourit. "Bonne soirée mon cher." Il se tourna vers Lee. "M. Hayden, voici Daphné, M. Lee Hayden, ma chère."

Ses yeux se tournèrent docilement vers Lee et il fut assez sobre pour noter l'absence totale de répulsion ; seulement de la pitié dans son regard amical et ouvert. Il la remercia silencieusement et pensa : *Même un clochard comme moi a encore un peu de fierté et de sensibilité* .

Mais un clochard le cache derrière la grossièreté. Lee grogna, "Tu as de l'alcool décent dans ce restaurant snob ?"

Snob-joint! Il n'y a pas si longtemps, il se sentait tout à fait à l'aise dans de tels endroits. Il n'y a pas si longtemps? Hein! Un millier d'années environ.

M. Clifford a dit : « Un endroit calme, Daphné. M. Hayden et moi voulons parler.

"Au diable ce bruit. Nous voulons boire."

Alors qu'ils traversaient la pièce, un homme en tenue formelle, visiblement le directeur, s'écarta et s'inclina avec déférence devant M. Clifford. Ce dernier hocha agréablement la tête et fit asseoir Lee sur une chaise devant une table enneigée. Le serveur était là instantanément. Lee est resté silencieux pendant que M. Clifford commandait du scotch. Alors il ne pouvait plus le retenir.

"Très bien, qu'est-ce que c'est que tout ça ?"

M. Clifford sourit facilement. "Tu as besoin d'un verre. Nous y sommes."

"Mais pourquoi ici, dans ce joint somptueux ?"

"Pourquoi pas. C'est ouvert aux affaires. Préféreriez-vous une plongée puante en dérapage ?"

De la part de n'importe qui d'autre que M. Clifford, pensa Lee, cela aurait été une insulte. "Je serais plus à l'aise là-bas", marmonna-t-il.

"Le plus grand théoricien du vol spatial qui ait jamais vécu ? Je ne pense pas." La voix de Clifford était un peu aiguë et le *quelque chose* ressortit à nouveau, retenant la réplique de Lee. A ce moment, le serveur arriva. Il versa les boissons et M. Clifford fit signe. Le serveur posa la bouteille sur la table et partit.

Lee a vidé son verre. Sa belligérance est revenue. "Si vous faites ça pour rire, ce n'est pas grave. Je l'ai prévu. Si vous voulez un autographe, pas de savon. Je ne pouvais pas tenir un crayon."

M. Clifford a ramassé la bouteille et a servi un deuxième verre à Lee. Il n'avait pas touché au sien. — Alors tu as échoué, dit-il pensivement.

"Oui, j'ai échoué."

"Les autres aussi."

Lee ricana. "Vous pouvez le faire passer avec une si belle désinvolture. Réalisez-vous que onze hommes ont été tués sur ce navire ?"

"Je sais. Et il me semble qu'ils ont affronté leur destin avec beaucoup plus de courage que toi face au tien."

"Si je dois suivre une conférence avec ton alcool, je préférerais..."

"Certainement pas. Prends-en un autre."

M. Clifford a versé et Lee a eu la grâce d'avoir honte. "Ecoute… j'ai fini… lavé… je suis en bas. Pourquoi devrais-tu… ?"

"En bas, oui. Mais parfois, les gens doivent toucher le bas pour monter vers le haut."

Lee jeta le troisième scotch. " Eh bien , j'ai touché le fond, c'est sûr."

"Vous m'avez demandé pourquoi je vous avais amené ici, M. Hayden. C'est la raison."

" *Quelle est* la raison?"

"Pour voir si tu as vraiment touché le fond."

"Vous donnez l'impression que cela est important", ricana Lee.

"Croyez-moi, c'est vrai."

« À mes ennemis ?

"Non, pas seulement à eux. À vos amis aussi – à toute l'humanité."

"Quel genre de blague tu me fais ?"

"C'est aussi important pour toi."

"Rien n'est important pour moi." La tête de Lee commença à tourner. Et il savait – sans le voir ni pouvoir le prouver – que M. Clifford avait drogué le dernier. Il observa la gorge de M. Clifford et tenta de lever les mains. Impossible....

M. Clifford, une silhouette floue tournant dans un tourbillon, dit : « Important, M. Hayden, car je pense que vous êtes maintenant prêt à voir l'homme aux yeux dorés.

"La maman... quelle bêtise..."

Lee Hayden s'est évanoui.

Il s'est réveillé en douceur. Il ouvrit les yeux et sut qu'il était au lit. Il était également conscient de trois autres choses – un goût horrible dans la bouche – un mal de tête fulgurant – et du fait qu'il n'était pas seul. Il cligna des yeux et la forme à côté du lit devint floue et se transforma en une belle fille ; une fille qu'il pensait devoir connaître. Puis il se souvint. Il l'avait rencontrée la nuit précédente dans la Salle Lotus. Elle lui avait été présentée sous le nom de Daphné. Elle était toujours très belle ; frais comme un après-midi d'été dans les bois.

Bien qu'il portait un pyjama tout à fait adéquat, Lee se sentit nu et se cacha à nouveau derrière son belligérance. "Qu'est-ce que tu fous ici ?"

Elle le considérait avec un sérieux presque enfantin. "M. Clifford pensait que vous ne deviez pas être seul à votre réveil."

« Très attentionné de sa part puisque c'est lui qui m'a soumis. Depuis combien de temps es-tu ici ?

"Environ deux heures."

Rempli de mépris pour lui-même, Lee a inconsciemment utilisé le dispositif consistant à le rediriger vers la première personne à portée de main. Daphné était pratique. Sa bouche se tordit sciemment. « Tu es sûr que tu n'es pas là pour une autre raison ?

"Quelle raison?"

« Vous essayez de gagner quelques dollars, peut-être ?

La question dans ses yeux était visiblement sincère, son air totalement innocent, et il savait qu'elle n'était pas ce genre de fille.

Son expression changea seulement dans la mesure où la question disparut. L'innocence est restée. Pourtant, il y avait quelque chose dans ce dernier qui attira l'attention de Lee. Il a essayé de le définir. L'innocence du savoir plutôt que celle de l'ignorance ? » se demanda-t-il.

"Si tu le veux," dit Daphné. "Mais aucun argent ne serait nécessaire."

Abasourdi, Lee oublia son mal de tête et posa lentement ses pieds sur le sol. Il l'étudia, l'esprit analytique qui avait fait de lui un grand scientifique alors qu'il était encore un jeune homme, formulant désormais les questions.

"Pourquoi?"

"Je n'ai pas besoin d'argent."

"Je veux dire, pourquoi es-tu prêt à—"

"Parce que M. Clifford m'a demandé de vous servir de toutes les manières possibles."

"Pourquoi ce pourri—!"

"Oh, non ! M. Clifford est l'un des Grands." Il y avait du respect dans sa voix.

"Tu dois être un imbécile ! Faire confiance à un homme qui te demanderait de faire une chose pareille !"

"Vous me mettez des mots dans la bouche. M. Clifford n'a pas mentionné avoir couché avec vous. Il a seulement demandé que je lui rende tous les services possibles."

"Et tu ne penses pas que cela était inclus ?"

"Peut-être que c'était le cas."

"Et vous respectez un homme qui accepterait que *cela* soit inclus ?"

Daphné sourit brillamment et doucement. "Peut-être que M. Clifford savait qu'on ne me demanderait pas de rendre un tel service."

"Comment un homme pourrait-il savoir cela ?"

"Je vous l'ai dit. M. Clifford en est un..."

"Je sais... je sais. L'un des Grands. Qu'est-ce que c'est ? Une sorte de loge ?"

Elle réfléchit un instant. "Dans un sens."

Soudain, la décence de Lee prit le dessus. « Je suis désolé – plus désolé que je ne peux le dire. Pardonne-moi ?

Elle lui rendit son sourire. "Il n'y a rien à pardonner. Veux-tu un café ?"

"C'est une idée, mais je veux surtout parler."

"À propos de quoi?"

« Qui m'a amené ici ? Qui… » Il se passa la main sur le menton. "Qui m'a nettoyé et rasé ?"

"M. Clifford."

"Pourquoi?"

"Je ne sais pas. J'imagine qu'il avait une raison."

"Où est-il maintenant?"

"Je ne sais pas. En Chine peut-être, en Amérique du Sud, en Inde."

Lee sourit ironiquement. "D'accord, d'accord. Posez une question idiote, vous obtenez une réponse idiote."

"J'ai dit la vérité."

"Qu'est-ce que c'est ? Un vendeur ambulant ?"

Daphné réfléchit à nouveau avec un profond sérieux. « Je suppose que tu pourrais l'appeler comme ça ?

"Quand reviendra-t-il ? Je veux encore quelques mots avec lui."

"Je doute", dit Daphné, "si tu le reverras un jour."

Lee essaya de se lever. Il a fait du mauvais travail. Il chancela et se rassit. Elle fut instantanément à côté de lui. "Ta tête?"

"Mes *deux* têtes."

"Peut-être que je peux aider." Ses doigts étaient frais sur sa peau ; vivant, apaisant, miséricordieux. Lee ferma les yeux et fut enveloppé dans un merveilleux sentiment de bien-être. Puis il réalisa que ce qui semblait long n'avait duré que quelques instants. Mais son mal de tête avait disparu.

Il se tourna brusquement vers elle. "Comment as-tu fais ça?"

"C'est très simple." Daphné alla rapidement au téléphone et commanda du café et du jus d'orange. Elle a raccroché le combiné, a fait face à Lee et a dit : « Tu voulais parler ?

"Oui. J'ai une grosse question. Pourquoi ?"

"Pourquoi?"

"Ne vous évadez pas, s'il vous plaît. Vous voyez ce que je veux dire. J'étais allongé, ivre, dans le caniveau. Cet homme est venu me chercher et m'a mis ici. Pourquoi ?"

"Peut-être êtes-vous plus important pour l'humanité que vous ne le pensez."

"Pourquoi dites vous cela?"

"Parce que M. Clifford se soucie de l'humanité."

Lee ressentit une rapide exaspération. Daphné semblait parfaitement disposée à répondre à toutes ses questions, mais ses réponses étaient aussi éclairantes que minuit dans un placard sombre. Il cherchait une approche différente. "Parlez-moi de ces Grands Êtres."

"J'ai bien peur de ne pas pouvoir."

"Pourquoi pas?"

"Parce que je sais si peu de choses sur eux ."

« Alors, ils ne vous disent pas grand-chose ?

"Je ne suis pas digne de savoir grand-chose. Je ne suis pas encore un initié."

Un serveur apporta le café et partit. Daphné versa du pot en argent. "Y at-il autre chose que je puisse faire?"

"Je pense que vous en avez fait assez. Et je vous en suis reconnaissant. Je n'ai pas la moindre idée des raisons, mais je vous en suis reconnaissant."

"Je serai au Lotus Room si tu veux de moi."

Daphné ramassa son manteau, sourit à Lee et se dirigea vers la porte. Alors qu'elle tendait la main vers le bouton, Lee dit : "Encore une chose."

Elle a tourné. "Oui?"

"Avant de m'évanouir, Clifford a dit quelque chose. Quelque chose à propos de ma préparation à rencontrer l'homme aux yeux dorés. Quel genre de charabia était-ce ?"

Daphné hésita. Pour la première fois, elle semblait incapable de répondre.

Lee a demandé : « Était-ce juste mon imagination ?

"Non."

« Que voulait-il dire ?

"Juste ce qu'il a dit, j'en suis sûr."

Lee réprima son exaspération. "Très bien, alors qui *est* l'homme aux yeux d'or ?"

Daphné considérait Lee avec une sorte de tendresse impersonnelle. "Quelqu'un que je suis sûr que tu rencontreras très, très bientôt."

Elle est partie avant que Lee ne puisse poser une autre question. Il s'assit sur le bord du lit et regarda sa tasse de café d'un air maussade. "Elle a guéri mon mal de tête", marmonna-t-il, "mais j'ai le pressentiment que ce type aux yeux dorés va le ramener à nouveau..."

Il y avait une toute nouvelle armoire sur une chaise près du lit, mais Lee — accablé comme il l'était par des questions sans réponse — refusait de se demander d'où elle venait. Alors qu'il se douchait, s'essuyait et s'habillait, ses pensées étaient centrées sur M. Clifford à l'exclusion de tout le reste.

M. Clifford. Qui était-il? Pourquoi avait-il fait tout cela ? Un complot sournois d'International Electronics pour remettre un certain Lee Hayden sur pied et au travail ? Lee ne le pensait pas. Deux points s'opposaient à cette idée. Premièrement, International l'avait définitivement accusé. Deuxièmement, s'il s'agissait d'une dernière tentative, leur procédure ne ressemblerait en rien au schéma insensé de M. Clifford.

Alors qu'y a-t-il derrière tout cela ? Était-ce le geste amusé d'un philanthrope dilettante ? Non. Il y avait quelque chose chez ce Clifford qui le plaçait au-dessus de cela. Il n'était pas un opérateur inactif. Il y avait un but impliqué. Mais dans quel but ? Daphné lui avait dit qu'il ne reverrait probablement jamais M. Clifford. Alors, comment pourrait-il donner un sens à ce qui s'était passé ces dernières heures ?

Alors que Lee récupérait sa clé et se dirigeait vers le hall, il se dit : « *Elle a posé ses mains sur mon front et le mal de tête a disparu instantanément. Ou avais-je vraiment mal à la tête ?*

L'employé hocha la tête avec déférence. Lee lui faisait face derrière son vieux bouclier de belligérance. "Je m'appelle Lee Hayden."

"Je sais, monsieur."

"J'étais dans la chambre 1106."

L'employé hocha la tête.

"Qui me l'a loué ?"

"Eh bien, M. Clifford, monsieur. Je pensais que vous le saviez."

"Je voulais juste savoir si *tu* le savais." Lee jeta sa clé. "Je sors."

"Bien sûr Monsieur."

"Bien?"

"Eh bien, quoi, monsieur ?"

"La facture. Les gens ne paient pas pour rester ici – ou est-ce une institution caritative ?"

"Oh, non monsieur. Nous ne sommes pas une institution caritative. Mais votre facture a été payée par—"

"Je sais... par M. Clifford." Lee fronça les sourcils et sortit dans la rue.

Il marcha directement depuis l'hôtel jusqu'au bar le plus proche. Il but un double bourbon, pur, et le laissa réchauffer la muqueuse de son estomac. Ça faisait du bien. Il posa son verre et fit signe au barman. Puis il regarda le verre rempli et ne fit aucun geste pour le soulever. Un instant plus tard, il se retrouvait dans la rue, réalisant que c'était la première fois depuis dix-huit mois qu'il s'éloignait d'un verre.

Il ne s'agissait cependant pas d'une réforme ; simplement un détournement temporaire de son esprit d'un objectif premier ; celui de se boire à mort ; celui d'effacer de son cerveau l'image de onze hommes mourant horriblement alors que le vaisseau qu'il avait conçu frissonnait, se déformait et s'effondrait dans l'espace profond.

Pas même un répit temporaire, car l'horrible vision de ses propres défauts – de son propre échec – était toujours là. Mais comment aurait-il pu le savoir ? Ni lui ni personne d'autre n'aurait pu être conscient des véritables conditions rencontrées là-bas. Les théories et les résumés étaient bien ; presque assez pour continuer. Mais pas tout à fait. La récompense est toujours en cours. Autrement, les pilotes d'essai ne bénéficieraient pas de salaires fabuleux pour risquer leur vie au premier essai. Mais onze hommes ! Étouffé parce que la parole de Lee Hayden avait été prise. Onze jeunes hommes.

Et le voilà, plusieurs heures plus tard – de retour dans sa chambre avec la bouteille sur la table prête à effacer le rêve – le cauchemar de leur agonie finale – qui le déchirait et le déchirait à chaque fois qu'il fermait les yeux.

Encore à moitié sobre, il tomba dans son lit et recommença à le vivre, goûtant l'horreur, sentant sa propre chair se broyer, ses propres os se briser ; vivre leur mort comme il l'avait fait depuis le premier moment où il avait appris le désastre ; le dernier message qu'ils avaient envoyé depuis l'espace.

Il se réveilla dans une mare de sueur et réalisa où il se trouvait. Il s'empara de la bouteille, la frappa et la fit tomber de la table. Il regarda l'alcool couler sur le tapis. Il sanglotait.

Puis, bien éveillé, avec une odeur de whisky frais dans les narines, il aperçut l'homme aux yeux d'or.

Ou du moins, il pensait qu'il était réveillé. Et même si cela se produisait, il y avait une certitude dans son esprit.

Ce n'est pas un rêve.

Il se tenait debout, apparemment inaperçu, dans une immense grotte ; un endroit étrange et fabuleux et la merveille de celui-ci lui coupa le souffle et fit battre son cœur.

La grotte était située en hauteur sur le flanc d'une montagne. C'était comme si un énorme couteau avait coupé horizontalement dans la roche solide et en avait découpé un morceau de neuf pieds d'épaisseur, cinquante pieds de large et cent pieds de profondeur. Les murs et le plafond de la grotte étaient en pierre noire brunie, le sol recouvert d'un épais tapis de soie.

La lumière venait de quelque part, douce et sans ombre, apparemment sans source , et depuis le bord extérieur de la grotte où se tenait Lee, il pouvait voir une pleine lune jaune chevauchant le ciel nocturne.

La scène, en haut et en bas, était une scène d' extase ; Une sensation écrasante envahit Lee, quelque chose qu'il n'avait jamais connu auparavant. À ses pieds se trouvait une chute abrupte de dix mille pieds descendant directement de la montagne jusqu'à une vallée verdoyante en contrebas. Une rivière argentée s'écoulait délicatement à travers une vallée entourée d'imposants géants couverts de neige. L'air était comme du vin piquant et quelque chose en Lee disait : *Je ne rêve pas. Je sais que je suis ici. Je peux sentir l'air dans mes poumons. Je peux sentir une nouvelle vie vibrer dans ma chair. Je suis toujours ivre mais maintenant c'est différent. Maintenant, je suis ivre d'un sentiment de liberté totale. Je sais pour la première fois que je n'ai jamais été vraiment en vie.*

Il leva les yeux vers les étoiles au-dessus — des étoiles bleu acier dans l'air clair. *Je sais aussi que ce sont les montagnes de l'Himalaya, que c'est le toit du monde.*

Il se tourna et regarda dans la grotte. Un homme se tenait à proximité. Il portait une robe blanche, mais sa forme n'était pas cachée ; un magnifique corps de six pieds soutenait une tête aux proportions majestueuses. Le visage de l'homme était un aimant et Lee ne saurait jamais s'il était beau ou non. Il se souviendrait que la bouche était ferme, le nez droit, les yeux sombres et saisissants. Ils n'étaient pas dorés, mais la lumière qui en sortait illuminait le visage qui laisserait à jamais une impression d'or brillant.

L'homme aux yeux d'or.

Lee a dit : « Je suis un étranger. Comment suis-je arrivé ici ? Pourquoi suis-je venu ?

L'homme s'avança et regarda les montagnes. Mais il semblait voir bien plus loin, dans l'infini lui-même. Il ne dit rien.

« S'il vous plaît. Pourquoi suis-je ici ?

L'homme n'y prêta aucune attention. Il termina de parler de ce qui l'intéressait et retourna dans la grotte.

"S'il te plaît."

A ce mot, l'homme s'arrêta et se retourna. Il regarda Lee pendant un long moment. Puis il dit : « Soyez très prudent. Une chute de cette hauteur serait fatale. Sur ce, il retourna dans la grotte, et...

Lee Hayden était allongé dans un lit trempé de sueur.

Mais son éveil était différent de tout ce qu'il avait jamais connu. Plus tard, en essayant d'analyser cela, il conclut qu'il s'était réveillé après ne pas avoir dormi ; réveillé pour ainsi dire, d'un état d'éveil. Lorsqu'il essaya de rationaliser cette contradiction, il n'y parvint pas. Il ne pouvait pas non plus le changer.

Mais il sauta du lit avec un cri muet et se retrouva à genoux en train de saisir la bouteille de whisky. Il restait plus d'un double coup. Il l'a avalé. Il laissa tomber la bouteille et sanglota. Puis toutes ses forces lui ont échappé et il s'est effondré dans le sommeil, sur le tapis imbibé de whisky...

Daphné a conduit Lee à une table et lui a demandé : « Qu'est-ce que tu aimerais boire ?

"Rien. As-tu un peu de temps ?"

"Bien sûr." Elle s'assit en face de lui.

"J'ai fait un... eh bien, un rêve la nuit dernière."

"Un rêve?"

Ses yeux se plissèrent légèrement. "Tu poses ça comme une question. Tu ne penses pas que c'était un rêve ?"

"Je n'aurais aucun moyen de le savoir."

"Je ne pense pas que ce soit tout à fait vrai."

« Tu penses que je vais te tromper alors ? »

"Non, c'est juste que nous parlons peut-être sur des plans différents. Je pense que vous en savez bien plus que vous ne le révélez. Vous saviez que M. Clifford m'a dit que j'étais prêt à voir l'homme aux yeux dorés."

"Oui."

"Je l'ai vu."

Elle le regardait avec la chaleur abstraite qu'il avait déjà vue dans ses yeux. "Que me souhaites-tu ?"

"Je—je ne sais pas. Je suis venu ici pour—"

Daphné tendit soudain la main et posa la sienne. "Tout ce que je peux vous dire, c'est ceci, Lee. Ni moi, ni M. Clifford, ni personne d'autre ne pouvons plus vous aider. Tout ce qui pouvait être fait pour vous a été fait. À partir de là, vous montez ou descendez grâce à ce qui est en vous."

"Alors tu démissionnes de ton travail ?" Lee parlait légèrement, mais avec une touche d'amertume en dessous.

"Quel travail?"

"M. Clifford vous a dit de me servir de toutes les manières possibles."

"Ça continue, Lee. Que veux-tu ?"

"Tu es une très belle fille. Que penses-tu que je veux ? Toi."

"Tu veux dire que tu es amoureux de moi ?"

"Est-ce que ça semble si incroyable ?"

Elle lui sourit. « Vous êtes juste en train d'explorer – de chasser – n'est-ce pas ? Vous essayez toujours d'obtenir des réponses à vos questions. Vous savez qu'en tant qu'homme et femme, nous n'avons rien l'un pour l'autre ?

Il essayait de regarder derrière ses yeux. "Oui, je le sais. Où est ton amour, Daphné ?"

« Au même endroit que le vôtre. Nous recherchons la même chose. »

"Mais ne pouvons-nous pas le rechercher main dans la main ?"

"Non. Chacun doit chercher à sa manière."

"Mais vous avez une idée plus claire que moi de ce que nous cherchons ?"

"Peut-être... peut-être pas. Qui peut le dire ?"

Lee se leva et tendit la main. "Merci. Vous avez été très gentil avec moi."

"Tu y vas maintenant ?"

"Oui."

"Où?"

"Pour trouver l'homme aux yeux d'or."

"Où est-il?"

"Il est quelque part dans les hauteurs de l'Himalaya. Ce n'était pas un rêve que j'avais. J'étais là-bas. Je l'ai vu."

"Mais cette fois, ce sera différent. La voie est inexplorée. Il n'y a pas de feuille de route."

"Je ne peux que faire de mon mieux. Je pourrais échouer. Je ne le retrouverai peut-être jamais."

Il y avait de la tendresse dans ses yeux. "Je pense que tu le feras. Je suis sûr que tu le feras..."

"Au revoir, Daphné."

Lee a marché dans les rues jusqu'à l'aube et lorsqu'il rentrait dans sa chambre, c'était pour faire son sac et vérifier ses liquidités. Et c'était comme s'il était devenu deux hommes marchant dans une seule peau ; deux esprits logés dans un seul cerveau. Un esprit était celui d'un fanatique ; l'autre, raisonnable et prudent.

L'homme raisonnable a dit : *Vous êtes un imbécile. Ils enferment des gens comme vous. Trop de whisky. Trop de coups mentaux. Vous avez perdu votre cul.*

Le fanatique dit : *Il est dans l'Himalaya. Je vais le trouver. C'est donc là que je vais.*

L'homme raisonnable a dit : *Vous êtes fou.*

Le fanatique dit : *« D'accord, mais ce cinglé se dirige vers l'Inde.*

Lee a volé vers l'est. Sept jours plus tard, il était à Karachi. Il regarda à peine l'endroit, ses yeux se tournant vers le nord, vers le Baloutchistan ; vers l'est vers Lucknow et Delhi. Dans cette direction, le toit du monde n'était qu'une légère brume bleue à l'horizon de son imagination. Son visage était sombre et froid. Sept jours l'avaient changé. Le fanatique montait haut, maintenant. L'homme raisonnable était un sombre spectre tapi, inquiet, à l'arrière-plan.

Il changea son argent contre la pièce du royaume et prit un train pour Delhi. Il chevauchait avec des gens étranges, à peine conscients de leur présence.

Il a découvert que voyager de Karachi à Delhi sur le chemin de fer indien était une entreprise frustrante et déroutante. Il commença à compter soigneusement son argent ; le thésauriser; marchandage. Lorsqu'il est arrivé à Delhi, c'était un étranger mince et barbu avec de la fièvre derrière les yeux.

Mais il y avait une gloire dans son cœur à cause d'une sensibilité nouvelle et aiguisée. Il était seul, sans amis et presque sans argent, et pourtant il ne s'était jamais senti aussi capable, aussi compétent.

Alors qu'il parcourait les rues de Delhi à la recherche d'un hôtel bon marché, il entendit une voix joyeuse l'appeler par son nom. Il a tourné. La voix venait d'une voiture au bord du trottoir. Un tout nouveau cabriolet Ford. Lee parla avec désinvolture. "Comment allez-vous, M. Clifford ?"

La rencontre était aussi étrange et illogique que tous les autres événements et incidents de la vie de Lee depuis qu'il gisait dans un caniveau de New York.

M. Clifford sourit chaleureusement. "M. Hayden, je suis heureux de vous voir."

"Une vraie surprise", a déclaré Lee.

"Comment as-tu été?"

"Bien, très bien."

"Je fais un petit voyage, je vois."

"Oui. Se déplacer un peu. Voir le monde."

Une conversation folle à la lumière des questions qu'il avait pour M. Clifford ; et les choses que M. Clifford aurait logiquement pu lui dire.

Mais une indépendance nouvelle et exaltante était apparue chez Lee Hayden. Il réalisa qu'il n'était pas le même homme que Clifford avait sauvé et drogué à New York.

"Vous vous déplacez vraiment", a déclaré Lee.

"Oh, oui. J'ai beaucoup à faire."

Lee se détourna.

"On se reverra un jour."

« Je l'espère – et au fait, il y a un homme à qui tu aimerais peut-être parler. Je pense que tu te sentirais libre de lui poser des questions. Peut-être qu'il se sentirait libre de répondre.

"Bien, où puis-je le trouver ?"

M. Clifford réfléchit un instant, puis dit : « Je vais dans cette direction. Sautez.

Lee obéit, jetant son sac à dos sur la banquette arrière – le sac à dos qu'il avait acheté, avec de l'argent, pour son coûteux deux costumes en peau de porc.

M. Clifford a soigneusement conduit la Ford dans les rues et sur la route de campagne poussiéreuse menant au nord-est. Aucun mot n'a été prononcé sur plusieurs kilomètres ; jusqu'à ce que Lee tende la main vers l'horizon. "Belles montagnes."

"L'Himalaya. Le toit du monde."

"Aucune montagne sur terre ne leur ressemble."

« Robustes, n'est- ce pas ? Et beaux. »

« Au fait, comment va Daphné ?

"En excellente santé, j'en suis sûr. Je ne l'ai pas vue depuis longtemps."

M. Clifford a quitté la route et s'est arrêté à côté d'une berline Cadillac garée. A proximité se trouvaient une petite cabane et un minuscule enclos. Dans l'enclos, une chèvre grignotait du foin sec et incolore.

Devant la cabane, un homme était assis en tailleur. Il était très vieux et maigre. Sa peau était brûlée par le soleil et il ne portait qu'un drap blanc enroulé autour de son corps. Sa tête était complètement glabre et il avait l'air d'être resté assis là pendant des années sans bouger un muscle.

Une femme était assise par terre devant lui. Le soleil venait de se coucher et ses rayons jouaient sur ses magnifiques cheveux blancs ; sur la richesse des couleurs de sa robe – une robe, estimait Lee, qui devait coûter plusieurs centaines de dollars. Pourtant, elle était assise dans la poussière devant ce vieil Indien et s'accrochait à chacun de ses mots.

"Nous attendrons", a déclaré M. Clifford.

Au bout d'un moment, la femme se leva et s'approcha de la Cadillac. Lee a vu son beau visage calme et sans rides, et il a été frappé par sa ressemblance avec Daphné. Elle ne ressemblait en rien à Daphné ni par son visage ni par sa silhouette, mais elles avaient en commun une beauté mystique saisissante qui semblait venir de l'intérieur.

La femme sourit à M. Clifford qui lui rendit son sourire. Aucun mot n'a été dit. Après qu'elle ait fait marche arrière et se soit engagée sur la route, M. Clifford a dit : « Attendez, s'il vous plaît » et est sorti de la voiture. Il s'approcha de l'homme aux jambes croisées et s'assit dans la poussière.

Ils parlèrent pendant un long moment et lorsque M. Clifford se leva et retourna à la voiture, c'était après le crépuscule et le ciel au-dessus de l'Inde était rempli de grandes étoiles flamboyantes.

"Je vais vous quitter maintenant", a déclaré M. Clifford. "L'homme près de la hutte est connu uniquement sous le nom d' Abat Krishna. Vous pouvez l'approcher et lui parler."

"Merci."

Clifford hésita avant de prendre le volant. Ses yeux se tournèrent vers l'horizon sombre.

"Il y a un danger qui vous attend."

"Je n'ai pas peur."

"Peut-être trouverez-vous ce que vous voulez. Peut-être que vous mourrez."

"Je trouverai mon chemin. Vous avez dit que je pourrais interroger cet homme ?"

"Vous pouvez lui demander tout ce que vous voulez. Au revoir."

M. Clifford a démarré le moteur et est parti. La chèvre poussa un bêlement d'adieu dans l'obscurité éclairée par les étoiles.

Lee se rendit à la cabane et s'assit devant Abat Krishna. L'Indien regarda le ciel et resta silencieux.

"Qui sont les Grands ?", demanda Lee, "qui sont les Grands ?"

"Il existe de nombreux noms pour le groupe. Ils ont été appelés la Grande Fraternité Blanche. Ils ont été appelés les Élus. Mais ce nom est trompeur dans la mesure où aucun n'est vraiment choisi. La voie est ouverte à tous. Rien n'est donné. , tout est gagné."

"Est-ce que M. Clifford est un Grand ?"

"Peut-être. Je ne sais pas."

"Est-ce que c'est par hasard qu'il m'a trouvé dans le caniveau et qu'il m'a soulevé ?"

"Rien n'est dû au hasard, mon fils. Le mouvement le plus accidentel de l'antenne d'un insecte est soigneusement planifié."

"Que font les Grands ?"

"Leur devoir, qui est aussi simple et ordinaire pour eux que le nôtre l'est pour nous."

"Comment les reconnaître ?"

"Ce serait difficile."

"Où peut-on trouver un Grand ?"

"N'importe où. Là où leurs devoirs et leur destin les appellent."

" *Qu'est* -ce qu'un Grand Être exactement ? "

"Un enfant de Dieu qui, grâce à ses propres efforts, s'est préparé à une meilleure compréhension des lois de Dieu, à une conscience plus profonde. Bien sûr, cela s'accompagne de plus grandes responsabilités et de plus grandes réalisations."

"J'ai entendu dire qu'il y avait des hommes en Inde—"

"Pourquoi nécessairement l'Inde ?"

"... qu'il y a des hommes sur cette terre qui peuvent marcher sur l'eau ; qui peuvent traverser des substances solides. Y a-t-il du vrai là-dedans ?"

"Je ne sais pas. Je n'ai jamais rencontré une telle personne."

"Croyez-vous que de telles personnes existent ?"

"La réponse à cette question est difficile. Avez-vous une compréhension complète de toutes les lois naturelles ? Toutes les lois de Dieu ?"

"Non. Je les connais très peu."

"Alors je pourrais le dire ainsi : un homme marchant dans une matière solide vous semblerait violer une loi naturelle. Mais un tour de passe-passe élémentaire - la disparition d'une pièce de monnaie - pourrait apparaître de la même manière à un enfant. … Alors peut-être que la réponse réside dans une compréhension comparativement plus grande. »

Lee regarda Abat Krishna. Abat Krishna regardait calmement les cieux. Lee a déclaré: "Mais le *plus* grand de tous est l'homme aux yeux d'or. Ai-je raison?"

"Vous avez raison."

"Je le cherche."

"Une entreprise louable. Je le cherche depuis de nombreuses années."

"Mais je sais où il est."

"Vous avez vraiment de la chance."

"Je l'ai vu dans ce que beaucoup pourraient considérer comme un rêve. Mais je sais que ce n'était pas un rêve !"

"Je suis sûr que non."

"Je l'ai vu dans une grotte située au sommet d'une des montagnes de l'Himalaya."

"Il y a beaucoup de montagnes dans la chaîne."

"Je trouverai le bon."

"Je suis sûr que tu le feras."

Lee se pencha en avant. " Tu as dit que tu le cherchais aussi. Alors viens avec moi. "

"Je ne peux pas. Chaque homme suit son propre destin."

"Et le vôtre-?"

"M'asseoir et étudier le ciel jusqu'à ce que je me trouve digne de baisser les yeux."

"Un étrange destin."

"Tous les destins sont étranges."

"Je suis assez égoïste pour demander votre aide."

"Je n'en ai pas à donner."

"Pas de conseil ?"

" Un détail sans importance peut-être. À l'est se trouve une colonie appelée Almora . De là partent des caravanes commerciales vers les hauteurs du pays... et à travers. "

"Merci."

"La chèvre est prête à être traite. Rafraîchissez-vous avant de partir...."

Almora était désormais loin derrière. Et loin derrière se trouvaient la caravane commerciale et les hommes qui ont pris son argent et l'ont laissé mourir plusieurs jours plus tard dans les contreforts froids. Mais il n'était pas mort.

Et loin derrière se trouvaient les indigènes les plus gentils des endroits les plus froids et les plus venteux qui l'habillaient et le nourrissaient, le traitant comme un enfant fou plutôt que comme un homme. Il les quitta et ils haussèrent les épaules et le laissèrent partir. Comme s'ils avaient peut-être vu d'autres fous le précéder.

Et il avait continué, de plus en plus haut, poussé par une fièvre toujours croissante dans un corps toujours plus maigre et émacié. Jusqu'à ce qu'il semble ne plus pouvoir aller plus loin. Il resta allongé pendant des jours dans une petite grotte avec les vents glacés hurlant à l'entrée tandis qu'il luttait contre deux fièvres – une dans son esprit et une enflammée dans sa chair et ses os.

Dans son agonie, il appela l'homme aux yeux dorés, mais il n'y eut aucune réponse. Un âge est passé ; un âge de semi-conscience ; un autre; puis il a dormi.

Lorsqu'il se réveilla, la fièvre physique avait disparu et la fièvre spirituelle s'était transformée en autre chose ; quelque chose qu'il n'avait jamais connu auparavant. Il resta longtemps allongé, l'étudiant, l'analysant.

Alors il a su.

Il le savait et il sourit et se leva et sortit de la grotte, pâle spectre d'un homme épuisé ; rien de plus qu'une apparition qui semblait à peine capable de se tenir debout. Pourtant, il se sentait plus fort et plus heureux que jamais dans sa vie. Son bonheur venait du fait de savoir que sa nouvelle force et sa nouvelle compréhension ne lui avaient pas été données ; qu'il l'avait mérité; qu'il avait payé petit à petit de ses souffrances.

Il s'est dit, *je n'ai pas été aidé. Uniquement guidé. J'aurais pu mourir. Personne ne m'a protégé.*

Et maintenant je comprends.

Il quitta la grotte et grimpa d'un pied sûr jusqu'à un plateau plus élevé. Ici, il n'y avait pas de neige. Seulement des roches balayées par le vent et un sol maigre. Il a marché jusqu'à arriver à destination.

C'était une autre cabane ; celui-ci est fait de gazon et de roche pour résister au vent et au froid. Un homme était assis sur le seuil, enveloppé de fourrures. Sa peau était foncée à cause du temps, mais il était impossible de l'appeler vieux ou jeune.

Lee ne s'est même pas attardé sur ces points. Il savait seulement – de par sa nouvelle perception, par le nouveau mysticisme qu'il avait acquis par sa souffrance – que la cabane et l'homme seraient là ; qu'aucune chance ne l'avait amené ; que tout avait été arrangé aussi sûrement que le lever du soleil.

Il se tenait devant l'homme et levait les yeux. "Les montagnes sont hautes."

"Les montagnes sont toujours hautes. Aucun homme n'atteint jamais le sommet de sa montagne."

"Je le sais maintenant."

"Ni même une grotte à mi-hauteur de la montagne."

"Ça, je le sais aussi. Je sais aussi—"

"C'est l'homme aux yeux d'or—?"

"C'est moi-même. Il était là, en moi, dans ma chambre, à l'autre bout du monde, pas dans une grotte de l'Himalaya."

" L'homme aux yeux d'or, mon fils, est tout homme, le symbole de la perfection que chaque homme porte dans son cœur. C'est la recherche de cette perfection qui est la vie : l'homme aux yeux d'or est l'image de ce que chaque homme a le pouvoir d'être."

"Je sais ces choses maintenant, mais dis-moi. Pourquoi m'a-t-il été donné de voir l'image si clairement ?"

"Chaque homme qui atteint les profondeurs a le choix. D'un côté, c'est la mort, de l'autre, la longue remontée."

"Mais il y avait plus dans mon cas. On m'a aidé. J'ai été guidé."

"Vos pas étaient peut-être dirigés, mais vous avez dû grimper vous-même. Vous auriez toujours pu abandonner et mourir en cours de route."

"Mais pourquoi ai-je été guidé ?"

"Il y a une raison à tout, et il y a des Grands Êtres conscients de grandes nécessités. Vous avez essayé d'envahir l'espace et vous avez échoué. Peut-être que le temps exige maintenant que l'espace soit conquis, et donc vos talents sont précieux pour le projet cosmique."

"Il y a tant de choses que je dois apprendre. Je dois aller aussi loin en si peu de temps. Pour conquérir l'espace, un homme doit d'abord se conquérir lui-même."

La silhouette poilue sourit. "Bien. Maintenant tu es prêt à apprendre. Asseyez-vous mon fils. L'enseignement doit commencer."